孩子要学的第一课

赢在表达

孙静 主编

长江出版社
CHANGJIANG PRESS

目录

第一章　学校交往篇

向同学表达安慰	2
不一口回绝同学	5
表达时把话说清楚	8
回答不熟悉的问题	11
聊天别涉及他人隐私	14
夸奖要真诚可信	17
表达不能模棱两可	20
合理请求同学的帮助	23
聊天不翻"旧账"	26
学会向同学道歉	29
回应同学的嘲笑	32
向同学表达反对意见	35
表达时注意社交礼仪	38

第二章　家庭生活篇

向父母表达爱意	42
向父母承认错误	45
跟父母商量一件事	48
向父母表达委屈	51

劝家人改掉不良习惯　　　　　　　54
应对父母的再三叮嘱　　　　　　　57
合理拒绝父母的安排　　　　　　　60
向父母解释清楚误会　　　　　　　63
向父母表达自己的压力　　　　　　66
请父母尊重我们的隐私　　　　　　69
婉拒长辈的过分要求　　　　　　　72
向亲人表达自己的关心　　　　　　75
和不熟的客人聊天　　　　　　　　78

第三章　社交场合篇

向他人介绍自己　　　　　　　　　82
如何得体地打招呼　　　　　　　　85
准确转述重要的事情　　　　　　　88
表达时学会归纳重点　　　　　　　91
准确表达自己的需求　　　　　　　94
正确表达着急情绪　　　　　　　　97
向他人描述身体的不适　　　　　　100
向他人表达自己的不满　　　　　　103
向他人表达自己的歉意　　　　　　106
不小心冒犯了他人怎么办　　　　　109
怎么把复杂的事情简单化　　　　　112

人物介绍

·小麦·

8岁的小女生，活泼开朗，多才多艺，成绩优秀。喜欢唱歌、跳舞、打羽毛球。偶尔会犯些小错误，但知错能改。

·小米·

9岁的小男生，热情好动，思维敏捷，学习能力强。喜欢画画、踢足球、阅读科幻小说。做事粗心大意，但能积极反思并改正。

·小米妈妈·

上班族，温柔善良有耐心，十分重视孩子的品德教育和习惯培养，因此，有时对小米比较严格。

·小米爸爸·

成熟稳重有责任心，对孩子的教育以理性引导和鼓励为主。当小米遇到问题时，爸爸经常给予他合理的建议和支持。

第一章
学校交往篇

向同学表达安慰

💬 表达直播间

你爷爷虽然生病了，不过人都是会死的，别太担心了！

呸呸呸，我爷爷能活一百岁。

就为这么点小事生气啊？我又没说错。

这不是小事！

我妈妈说了，人生病和死亡是自然规律，谁也阻止不了。

你瞎说，我爷爷才不会死！

我说的都是实话，可为什么小米会那么生气呢？

💡 说说心里话

> 我用真实的科学知识来安慰小米，让他不要担心他爷爷的病情，毕竟担心也没有用。

> 爷爷生病了我本来就很担心，小麦却说什么"生老病死"，这不是在诅咒爷爷快死了吗？太让人生气了。

> 她说的道理我都懂，可我这时候只想被人理解，不想听什么大道理。

📣 听听公平话

当他人遭遇情绪低谷时，最需要的是别人的安慰和鼓励，如果像小麦那样摆事实、讲道理，或者以批评的语气安慰人，只会适得其反。安慰朋友首先要避开"精神痛处"，多说一些温暖的话，开导和安抚朋友。小米的"精神痛处"是"爷爷生病"，如果总是围绕这一点进行交流，小米是很难快乐起来的。可以避开这个话题，用"怎样才能让爷爷开心"作为安慰的切入点。

当朋友心情不好时，该怎么安慰他呢？

👍 这样说才对

小麦：小米，你看起来很不开心，怎么了？可以跟我说说吗？

小米：我爷爷生病住院了，我很担心他。

小麦：你爷爷平时身体那么好，肯定会好起来的。

小麦：你爷爷那么爱你，只要你开心了，爷爷也会开心，病也会好得快一些。

小麦：对了，我们都喜欢看的那套漫画书又出新的了，我们一起去看吧！

📣 总结一下吧

需要安慰他人时，需要注意以下几点：

1. 被安慰一方需要的是<u>理解</u>，而不是批评。
2. 给人带来<u>希望</u>，而不是平添情绪负担。
3. <u>避开</u>"精神痛处"，转移注意力。

不一口回绝同学

表达直播间

小米,周六一起去公园玩吧?

不去。

为什么呀?

这个公园不好玩,我去了很多次,已经不想去了。

生气了?你怎么这么小气。再说了,我周六上午要打篮球,下午要去游泳,也没法去公园玩。

我实话实说,拒绝了小麦的邀请,小麦怎么就生气了呢?

说说心里话

- 小米直接说"不去",真是太扫兴了,下次再也不喊他了。

- 这个公园确实不好玩嘛,难道实话实说有错吗?

- 不想去就不去,怎么找这么多借口,讨厌!

听听公平话

如果你兴高采烈地邀请朋友一起玩,但对方立即就说"不",你心里一定不舒服,可能以后再也不想邀请他了吧?如果你会有这样的想法,那么别人也一样。所以,收到别人的邀请后,自己却无法参加时,可以先对别人的邀请表达感谢,然后把自己不能参加的理由告诉对方。这样一来,相信下次你一定还会收到别人的邀请。

面对同学的邀请，怎样礼貌地拒绝呢？

这样说才对

小麦： 小米，周六要不要一起去公园玩？

小米： 虽然我已经去过几次了，但是你邀请我，我还是很开心，谢谢你。

小米： 我们可以跳绳、玩滑滑梯、放风筝，我下次一定和你一起去玩。

小米： 我很想去，但是周六我要去给爷爷庆祝生日，没法去公园。如果你下次还去公园的话，一定喊我，好吗？

总结一下吧

拒绝邀请时，这样表达不容易让对方扫兴：

1. 对邀请自己这件事，明确表达感谢之意。
2. 告诉对方自己对所邀请的内容是非常感兴趣和乐于参与的。
3. 明确地告诉对方不能参加的理由。

表达时把话说清楚

表达直播间

昨天去了欢乐谷,玩得挺开心。

人多吗?是不是需要排队?

我又没去,是浩浩去的,我怎么知道人多不多?

你不是说昨天去了欢乐谷吗?

你没看我手指的方向吗?浩浩正在和同学们讨论昨天去了欢乐谷玩呢。

完全没注意你的手指方向,原来在说他啊!

明明感觉自己说了重点,怎么听的人还是犯迷糊?

说说心里话

> 我虽然没说是谁,但我明明用手指了浩浩,难道这还不明显吗?

> 小米上来就说"昨天去了欢乐谷",我当然会以为是他自己去了。

> 再说,我没看到小米的动作,只能靠猜,当然有可能猜错。

听听公平话

我们在和家人说话时,有时只说关键词,家人就能明白我们要表达的完整意思,但这是基于家人之间互相深入了解。当我们和同学或朋友沟通时就不能只说关键词,省略"主语"等一些重要信息。其实,"主语"是我们说的话中最重要的部分之一,当我们在说话时,时刻要注意到"我要说的是谁"。只有这样,听你说话的人,才会迅速、准确地明白你要表达的意思。

怎样说才能完整地表达有效信息呢？

这样说才对

小米： 浩浩昨天去了欢乐谷，他说他玩得很开心。我昨天打了篮球比赛，也很开心。

小麦： 我也想去欢乐谷玩，我打算一会儿问问浩浩人多不多，排队要多久。

小米： 我也想去欢乐谷，你去的话记得喊我哦。

小麦： 下次你打篮球赛也喊我去给你加油哦！

小米： 好的，下次一定喊你去。

总结一下吧

这些练习能改变自己的错误表达习惯：

1. 说**完整的句子**，而不是词组。比如用"橘子很好吃"来代替"好吃"。
2. **多阅读**语言表达规范的句子，感受完整句子的结构。
3. 学会**倾听**，听一听别人完整的表达，从中**学习和模仿**。

回答不熟悉的问题

💬 **表达直播间**

小麦,怎么才能每次都考 100 分?

谁能每次都考 100 分?

小麦,怎么才能学好数学?

我也不知道。

小麦,考第一名是什么感觉?

没什么感觉啊。

同学们的问题五花八门,怎么回答才好呢?

💡 说说心里话

> 有些问题没什么好回答的，就靠自己去努力摸索呗，而且有些问题，我也不知道怎么回答。

> 我怎么感觉小麦对我有情绪？她这样反问我，我有点生气。

> 小麦平时数学总考高分，怎么连个学习方法都给不出，难道是不愿意跟我分享？太不够意思了！

> 小麦都考到第一名了，怎么可能没感觉，这回答也太让人无语了。

📣 听听公平话

在校园集体活动中，我们可能会遇到随机提问。这种情况不仅考验我们的临场反应能力，也考验我们的表达能力。比起生硬地说"我不知道""没什么"或者沉默，不如提前做好针对性训练。1. 对于超纲的问题，可以用玩笑的方式回应，比如"好像只有机器人才能每次都考100分哦"；2. 对于不知道答案的问题，可以诚恳地表达为难，或者请了解的人帮忙回答。

如果遇到随机提问，该怎么应对呢？

这样说才对

小米： 小麦，怎么才能每次都考 100 分呢？

小麦： 那得问问机器人了，好像只有机器人才能每次都考 100 分哦。

天天： 小麦，怎么才能学好数学？

小麦： 你这个问题把我难住了，我好好想一想，课后再回答你好吗？

小乐： 小麦，考第一名是什么感觉？

小麦： 感觉既开心又担心，开心就像是坐在火箭上，一下子冲出云霄，担心是怕火箭的燃料不够，突然掉下来。

总结一下吧

遇到不知怎么回答的问题试一下这几招：

1. 可以用 玩笑、幽默 的方式回应超纲的提问。
2. 坦诚表达 "不知道"的同时，可以发表对问题的 看法（比如，这个问题问得很巧妙）。
3. 对不懂的问题进行 延伸，请懂的人帮忙解答。

13

聊天别涉及他人隐私

表达直播间

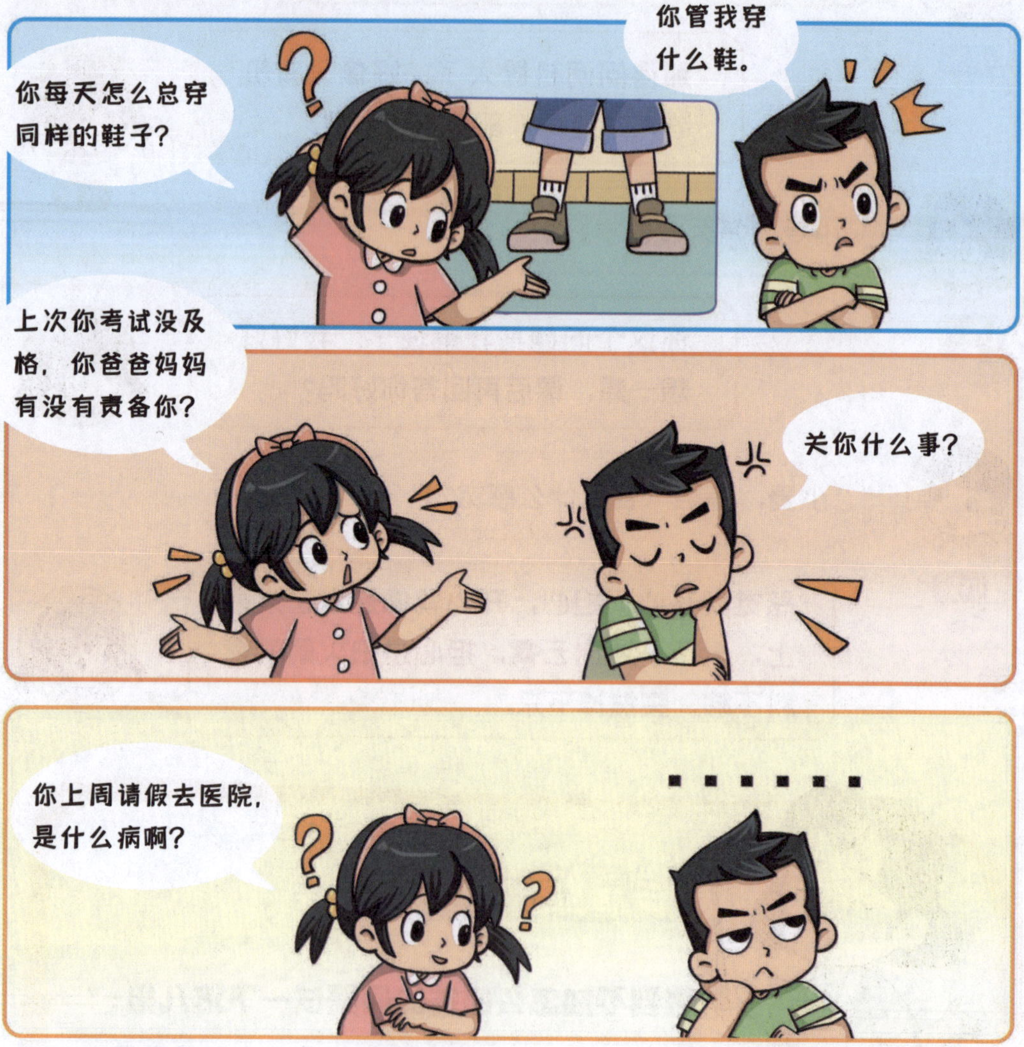

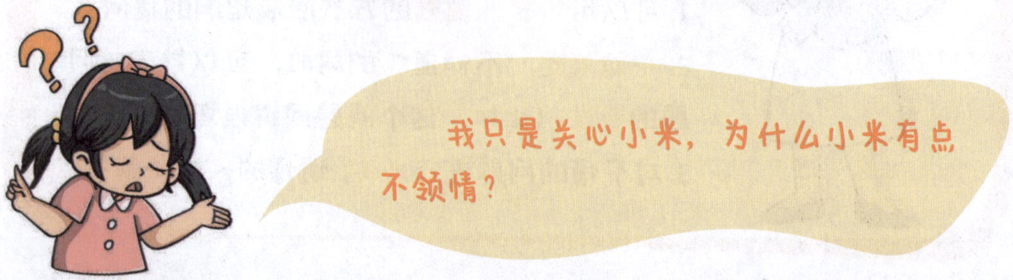

说说心里话

- 我就是好奇问问，怎么就不能说了，穿同样的鞋子确实有点奇怪嘛。

- 上次是小米自己说考试不及格挨骂了，这次他又没及格，我关心他有没有挨骂嘛！

- 上次考试没及格已经够让我难受了，小麦又提起这事儿，还问我爸妈有没有训我，真让人生气。

- 我生病请假去医院是我的隐私，小麦怎么一直追着问，烦死了，我不想说。

听听公平话

和同学聊天时，表达自己对同学的关心是正常的，但这种表达要适度，不要触碰他人的隐私。对小学生来说，以下这些话题通常属于个人隐私：家庭的经济状况、父母的关系、个人的身体状况或疾病、家庭内部的矛盾、礼物或者零花钱的具体数额、个人内心深处的秘密、自己曾经犯过的错误、成绩排名等。即使是非常好的朋友，聊天时也不要触及对方不想谈论的话题，无论友谊多么深厚，我们都要尊重他人的隐私，不过多打听，以免闹得双方都不愉快。

如果你说的话已经触碰到别人的隐私了，该怎么办呢？

这样说才对

小麦： 其实我和你一样，也有双特别喜欢的鞋，穿着又舒服又好看，我每天都只想穿这双。

小米对不起，我不该这么问，我以后不会这样了，你别生气了。

小米： 行啦，我没那么小气，只要你不再提考试的事就行。

前几天你生病，大家都很担心你，现在看你健健康康的，我们真开心，今天放学还一起写作业吧！

总结一下吧

聊天时如何分辨并避开隐私话题呢？

1. 如果聊到某个话题，同学表现明显不自然或者回避，他可能就不太愿意聊这个。
2. 如果别人问起让你感到不舒服的话题，你就应尽量避免用这类话题问别人。
3. 多从积极、有趣、大家都愿意分享的话题入手交流，比如动画、游戏等。

夸奖要真诚可信

表达直播间

小米,你今天换了新发型呀,很好看嘛。

别提了,就因为这个发型,我早上迟到,还被班主任批评了。

你只要帅就行了,迟到不算什么。

什么啊,别说这些话。

夸你也不行?是不是帅哥脾气都不太好啊?

你是不是在故意损我呢?

明明在夸小米,为什么他不领情呢?

说说心里话

我觉得小米的新发型确实好看，想夸夸他，让他开心开心，他怎么就不懂呢。

迟到被批评是很严重的事，小麦怎么这么不当回事，还说这种话。

我就是开个玩笑，怎么小米还生气了。

小麦这哪是夸我，明明是在讽刺我，真是让人恼火。

听听公平话

在小麦与小米的对话中，我们可以了解到：小米因为新发型迟到被批评，心情很糟糕，小麦的夸奖围绕发型而来，正逢小米心情低落，自然收不到好的效果。

由此可见，我们在表达赞赏时，要注意夸奖的氛围。想想自己如果处在那种情况下，希望听到什么样的话。还要注意夸奖的语气和用词，不要让人觉得是在讽刺或者不真诚。只要小朋友们多多注意这些，就能让自己的表达更贴心、更恰当，和小伙伴们的交流也会更愉快哟！

当你发现夸奖的时机不对，该怎么挽救呢？

这样说才对

小麦：小米，你今天换了新发型呀，很好看嘛。

小米：别提了，就因为这个发型，我早上迟到，还被班主任批评了。

小麦：被老师批评的确很糟糕，不过你这次已经吸取教训了，下次就不会迟到了嘛。

小麦：你不知道吧，刚才你们踢球，好多同学在夸你的新造型帅呢。

总结一下吧

夸奖他人时，需要注意以下几点：

1. 夸奖前，先了解对方的心情和困扰，不要在他人烦恼时贸然夸奖。

2. 立足实际，用词不要太夸张，以免让人觉得你在阴阳怪气。

3. 不要"踩一捧一"，应该尊重每个人独特的特点。

表达不能模棱两可

表达直播间

小米，放学后一起去跳绳吧？

跳绳啊，也不是不可以。

那你到底是去还是不去？

刚才豆豆喊我打羽毛球，现在你喊我去跳绳，我都可以……要不还是你决定吧。

我怎么能帮你做决定呢？你到底想不想和我们一起玩啊？

想，可是……

我的回答为什么会让小麦不耐烦呢？

说说心里话

其实我想去打羽毛球，但小麦约我跳绳，直接拒绝又怕伤了感情，好纠结。

小米怎么这么没主见，让我决定，我哪知道他到底想干什么。

两边我都不想拒绝，可又不能同时进行，真不知道怎么选。

小米犹犹豫豫的，一点都不爽快。

听听公平话

小米既然想和小麦一起玩，但又说了"可是"，为什么呢？他不说出来小麦就无法知道他内心的纠结。可见，犹犹豫豫地表达并不利于解决问题。有时，我们不能清晰地表达出自己的想法是因为想得太多了，害怕破坏和朋友之间的友谊。但表达时模棱两可既影响朋友的判断，也令自己难受。所以，还不如清楚表达自己的意愿，或者把自己犹豫的地方告诉朋友。只有准确表达出自己的感受，才能让对方明白你的真实意图，有利于顺利解决问题。

该怎么清晰表达自己的意愿呢？

这样说才对

小麦：小米，放学后一起去跳绳吧？

小米：跳绳挺好玩的，但我今天更想打羽毛球，你想跟我一起去打羽毛球吗？

小米：我先陪你跳绳，等会儿你陪我打羽毛球好吗？

小米：我刚才已经答应豆豆一起打羽毛球了，要不我们今天各玩各的，下次再约着一起玩好吗？

总结一下吧

明确表达的要点：

1. 明确目的，在开口之前，想清楚自己要表达的核心信息。
2. 态度坚定，不回避关键问题，直接给出明确的回答。
3. 语言简洁，避免使用"估计""可能"等含糊的词汇。
4. 自信表达，要相信真正的友谊容得下不同的想法。

合理请求同学的帮助

表达直播间

小麦,我猜这道数学题你肯定做不出来。

这题我一看就知道解题思路,怎么可能做不出来?

……

你是不是不会做这道题,想让我教你?你直说就是,怎么还用激将法。

你快点做这道题吧,一会儿就要放学了。

我还有其他作业没写完呢,你着急就先回去好了。

我明明在找小麦求助,怎么她就是不明白?

23

说说心里话

- 这题我不会，可直接请教小麦太没面子了，就用这种方式激她一下，说不定她能主动教我。

- 小米不会做题还嘴硬，还想用激将法让我做题，我要拆穿他。

- 我这点小心思一下子就被她看穿了，真是太尴尬了。

- 小米被我拆穿就急了，我偏不做给他看，谁让他故意激我呢。

听听公平话

小米因为不好意思直接请教，用了不太恰当的方式，结果不仅没解决问题，还让双方都有点不愉快。其实，每个人都有自己不太擅长的事，遇到困难需要帮忙是正常的，并不会"丢面子"。要知道，大家都是在互相帮助中一起进步的。如果小米能够真诚地向小麦请教，相信小麦一定会乐意帮助他。所以，当我们遇到困难需要向他人求助时，一定要勇敢地、诚实地表达自己的想法，这样不仅能解决问题，还能增加同学之间的友谊呢！

如果你想向同学求助，又不好意思，应该怎么办呢？

这样说才对

小麦： 你是不是不会做这道题，想让我教你？你直说就是，干吗用激将法。

小米： 这道数学题我确实不会做，你能教教我吗？

小麦： 当然可以啦，我来告诉你解题思路。

小米： 原来是这样，谢谢你小麦，要不是你，我还不知道怎么办呢。

小麦： 别客气，同学之间就应该互相帮助。

总结一下吧

请求同学帮助时，需要注意以下几点：

1. 直接传递信息，让别人知道自己需要帮忙。
2. 谦逊地对别人发出请求。
3. 商量的口吻可以给自己加分。
4. 真诚地表示感谢，既彰显品格修养，又增进同学友谊。

聊天不翻"旧账"

表达直播间

小麦，可以把你的新玩具借我玩一下吗？

可你上次就把我的玩具弄坏了。

哼，你不是也把我之前借给你的漫画书弄脏了吗？

那你上周借用我的铅笔，还弄断了好几支呢！

你上次借我橡皮擦，还回来的时候都变小了一半！

你之前玩我的拼图，还弄丢了好几块！

明明只是想借新玩具，为什么变成了一场"口水战"呢？

说说心里话

> 小麦也太小气了,不想借就不借,怎么还翻起了旧账。

> 小米上次把我的玩具弄坏了,这次我要提醒他谨慎一点。

> 小麦也太记仇了,不就是弄坏过一次玩具嘛,还一直揪着不放。

> 小米一点都不觉得自己有问题,让我更不想把玩具借给他了。

听听公平话

聊天时不断提及以前做错的事情(也就是翻"旧账")是很不好的行为。为什么这么说呢?首先,翻"旧账"会让原本简单的问题变得更加复杂,就像小米和小麦,本来只是借玩具的事,结果因为不停地翻"旧账",越吵越凶。其次,翻"旧账"是在互相指责和抱怨,会伤害彼此的感情,让好朋友之间产生隔阂。小朋友们在聊天时,只针对当前发生的事寻找解决办法,不要不断翻"旧账"。

假如发现有一方开始翻"旧账"了，该怎么做？

这样说才对

小麦：可你上次就把我的玩具弄坏了。

小米：上次确实是我不小心弄坏了你的玩具，我向你道歉，不要再生气了好吗？

我们还是约定一下，以后不再翻"旧账"吧，这样多伤感情。

上次的事我已经知道错了，这次我一定会加倍小心的，放心吧！

总结一下吧

教你几招做到在聊天时不翻"旧账"：

1. 当自己做错事时，诚恳地向对方道歉，让这件事过去。
2. 当别人做错事时，提醒对方道歉，不把这件事一直记在心里，不断内耗。
3. 设定聊天规则，和小伙伴约好都不翻"旧账"，互相提醒。
4. 表明自己对当前问题的态度，将注意力转移到当前事情上来。

学会向同学道歉

表达直播间

小米,你就不能好好走路吗?我的书全被你扫掉了。

好好好,对不起,行了吧!

你这是什么态度?

我都道歉了,你怎么还生气。

你根本就没有意识到自己的错误,我不接受你的道歉。

你不接受我也没办法,反正我已经向你道歉了。

我都道歉了,为什么小麦还会这么生气呢?

29

说说心里话

> 小米太过分了，明明是他把我的书弄掉了，还这么无所谓。

> 不就是碰掉了书嘛，我都道歉了，至于这么生气吗？真是大惊小怪。

> 他根本就不是真心道歉，一点诚意都没有，我更生气了。

> 我要的是他真心认识到错误，而不是随口敷衍地道歉。

听听公平话

真正有效的道歉，必须是发自内心的，道歉时态度要诚恳端正，不能马虎敷衍。比如小米既没有认真反思自己的错误行为，也没有表达出对小麦的愧疚之情，只是随口一句"好好好，对不起，行了吧！"这种漫不经心、不耐烦的态度，怎么能让小麦感受到诚意呢？道歉不是简单地说出"对不起"三个字，而是要真正意识到自己的过错，并向对方传递出愿意改正和弥补的决心。只有这样，才能化解矛盾，修复关系，避免争吵进一步升级。

当我们的道歉态度引起了对方不满，应该怎么补救呢？

👍这样说才对

小麦： 你根本就没有意识到自己的错误，我不接受你的道歉。

小米： 刚才是我走路太莽撞，我保证以后走路会小心的。

是我不小心撞掉了你的书，我帮你把书捡起来整理好。

我刚刚道歉的语气不好，我知道错了，以后不那样了，对不起。

👆总结一下吧

态度诚恳地道歉，要做到以下几点：

1. 真心实意地悔过，不是口头说说而已。
2. 正视自己的错误，及时纠正。
3. 对已经造成的伤害，付诸行动补救。

回应同学的嘲笑

表达直播间

小武，你都这么胖了还吃薯片，再吃就胖成"猪"了。

我哪里胖了？

你看看你的胳膊上全是肉，还说不胖。

你太过分了，我再也不想理你了。

生气啦？我就是开个玩笑而已，别那么小气嘛。

你这是开玩笑吗？真讨厌！

我明明是在开玩笑，小武怎么就生气了呢？

说说心里话

- 小武吃东西怎么不跟我分享，我也想尝尝他的薯片。

- 小米怎么能这么说我，太过分了。

- 开个玩笑怎么还生气了，真是小心眼。

- 他根本不懂他的话有多伤人，我再也不想和他说话了。

听听公平话

在上面的对话中，小米自认为的开玩笑，是建立在小武的痛苦之上的，这是一种错误的行为。假如我们遭遇他人的恶意嘲笑，一方面要坚定地告诉自己，对方是为了达到目的故意贬低、伤害他人，不要相信他们的话。另一方面要勇敢地表达自己的感受，告诉对方"你这样说让我很伤心，我不喜欢"，让他知道这种嘲笑是不对的。如果朋友不听，还是继续嘲笑，可以暂时离开那个让你感到不舒服的环境，找一个安静的地方待一会儿。

如果朋友的嘲笑让你很不舒服，该怎么做呢？

这样说才对

小米：小武，你都这么胖了还吃薯片，再吃就胖成"猪"了。

小武：小米，我并不认为我长得胖，而且即使长得胖也不能拿来开玩笑，你这是在恶意嘲笑我，我很生气。

小米，每个人的身材都不一样，我不喜欢这样的玩笑。

小米，随意嘲笑别人的身材是不对的，这会伤害我们的友谊，我希望你能停止。

总结一下吧

面对他人的嘲笑，可以这样应对：

1. **不要自我怀疑**，坚信自己的价值，不因为他人的嘲笑而否定自己。
2. **保持冷静**，不要用同样恶意的方式回击，以免让情况更糟。
3. **明确表达不满**，让对方清楚知道这种行为是不被接受的。

向同学表达反对意见

表达直播间

嘿,周末来我家打游戏吧?

周末那么多作业,哪儿有时间打游戏。再说,一直对着电子屏,你不怕眼睛近视吗?

你就知道写作业,真没意思,周末放松一下不行吗?

想放松还不如去公园玩一玩,你这样沉迷游戏是不对的。

我哪有沉迷,你不愿意和我一起玩就算了,说这么多干吗。

我这是为你好,你根本不懂!

我只是向小米分析玩游戏的害处,为什么小米会生气呢?

35

说说心里话

好不容易盼到周末，想和朋友一起打游戏开心一下，小麦居然这么扫兴。

周末作业那么多，本来就费眼又伤神，哪还有精力打游戏，不如出去晒晒太阳，活动活动。小米怎么不明白我的苦心呢！

我明明没有沉迷，只是邀请她一起玩，她不仅不领情，还说我打游戏没意义。

我明明是为了他好，小米却不接受，真是让人着急。

听听公平话

假如你的小伙伴说："我们今天先玩上一整天，最后再写作业吧。"你要是直接说："不行，不写作业怎么行。"小伙伴可能会不高兴。但如果你说："出去玩一整天肯定很开心，不过作业还是要完成的，要不我们先写一部分作业，然后再出去玩一会儿怎么样？"这样小伙伴就更容易接受你的意见啦。所以呀，小朋友们在提反对意见的时候，试试"**先赞同再反对**"的技巧，能让交流更顺利哟！

如果你想对同学的提议表示反对，该怎么说？

这样说才对

小米：嘿，周末来我家打游戏吧？

小麦：小米，打游戏的主意听上去很不错哟，不过一直打游戏对眼睛不好，要不我们还是去公园玩一会儿吧，怎么样？

小麦：周末放松一下确实不错，不过要是先做完作业再去放松就更完美了，你觉得呢？

小麦：你这个主意不错，那我们约好，先写完作业，再玩十分钟游戏，最后出去打一会儿羽毛球好不好？

总结一下吧

表达反对意见的技巧：

1. 照顾对方的情绪，反对之前先肯定对方提议的可取之处。
2. 说清楚自己反对的理由。
3. 不能只"反对"，最后要给出其他具有可行性的参考方案。

表达时注意社交礼仪

表达直播间

小麦,昨天下课后,老师……

小米,你站远点儿说。

哼,不想听就算了。

不是不想听,是你刚才站得离我太近了。

我知道,你就是不想跟我说话。

都说不是了,你怎么听不进去呢!

小麦又想听又让我站远点儿,到底是什么意思?

💡 说说心里话

> 小米突然凑这么近说话，让我有点不自在，还是保持点距离比较好。

> 哼，我好心跟你分享，你还嫌弃我，太让人伤心了。

> 我只是觉得说话站太近了不自在，不是不想听，小米怎么就不明白呢。

> 小麦就是在找借口，明明就是不想理我，还不承认！

听听公平话

聊天时，小米站在小麦耳边说话，距离过近，让小麦感到不适，从而产生了误会和矛盾。如果小米能注意保持合适的人际距离，以恰当的礼仪来进行交流，也许就不会出现后面的不愉快。在日常交流中，合适的聊天距离能让人感到舒适自在。而身体微微前倾，目光温和地注视对方，不时点头回应，这些动作都在传递着"我在认真听你说话"的信息。修炼好这些外在礼仪，能潜移默化地提高我们的表达能力，加深他人对我们的信任和好感。

假如你因说话凑得太近而引起他人的不适,该怎么办呢?

这样说才对

小麦: 小米,你能不能站远点儿说。

小米: 我刚刚靠得太近让你不舒服了,抱歉啊!

我以后会注意保持适当距离,不会再凑这么近了。

不好意思,我站远点儿,不过我刚才是想跟你分享一件有趣的事,你还想听吗?

总结一下吧

给表达加分的礼仪项有这些:

1. 保持适当的聊天距离。
2. 微笑,双眼注视对方,保持认真聆听的面部表情。
3. 语速、音量适中。
4. "站有站相,坐有坐相"的身体姿态。

第二章
家庭生活篇

向父母表达爱意

表达直播间

妈妈,今天是你的生日,祝你又老了一岁,生日快乐!

小米,妈妈还不想这么快就变老呢。

妈妈,你一直照顾我,头上都有好多白头发了,以后要多休息啊。

小米,我知道你关心妈妈,可这样的话听起来不太舒服。

妈妈,祝你福如东海,寿比南山!

谢谢你的祝福,可这句话用在这里不合适。

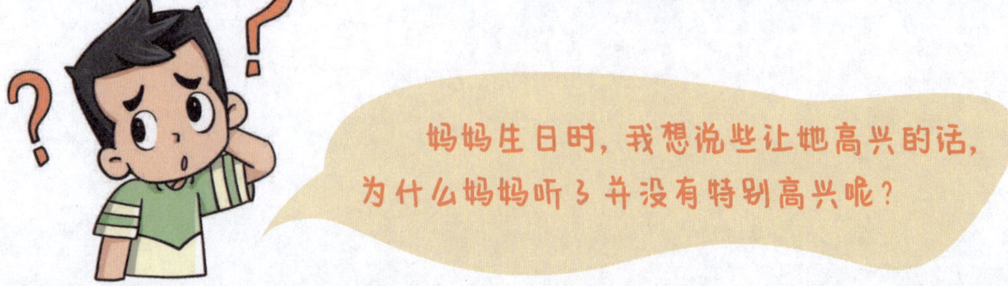

妈妈生日时,我想说些让她高兴的话,为什么妈妈听了并没有特别高兴呢?

说说心里话

- 我的确看到妈妈长出了白头发，为什么我说实话，妈妈反而不高兴呢？

- 祝福长辈生日时要说"福如东海，寿比南山"，妈妈也是我的长辈，为什么我说这句话不合适呢？

- 小米懂事了，知道关心妈妈了，可听到他说我有好多白头发，心里还是有点失落，我多希望在孩子眼里我一直是年轻的形象。

- 小米这孩子，心是好的，就是祝福的话不太恰当。

听听公平话

在小米看来，过生日必然会有年龄的增长，所以他直接说"妈妈又老了一岁""长了白头发"，但在妈妈心里，其实更渴望自己被看作年轻有活力的女性，而不是被提醒年龄的增长。妈妈当然知道小米是无心的，但还是会忍不住感到有些难过。因为父母总希望自己在孩子眼中是美丽、聪明、能干的形象，而不是衰老疲惫的样子。

所以，小朋友在表达对父母的爱意时，不要太"实话实说"，可以多夸夸父母的优点，要学会用积极、温暖的语言传递爱。

要向妈妈表达爱意，小米应该怎么说呢？

这样说才对

小米： 妈妈，生日快乐，我爱您。正因为有您的陪伴，我才能健康快乐成长，谢谢妈妈。

妈妈，生日快乐。您虽然不是超人，却为了我变成无所不能的大人，您辛苦了。

妈妈，生日快乐。您除了是我的妈妈，还是我的好朋友，也是我的老师，谢谢您给予我生命和无微不至的照顾，希望您身体健康，每天都开心快乐!

妈妈： 小米，你长大了，我太开心了。

总结一下吧

表达对父母的爱，可以从这几点入手：

1. 通过肢体语言真诚地表达赞美，比如拥抱。
2. 通过具体事件或细节表达感谢，比如"谢谢您每天为我做饭、送我上学"。
3. 通过实际行动表达爱，比如主动扫地、收拾屋子，做一些力所能及的事。

向父母承认错误

表达直播间

小米,不是说好回家先写作业的吗?怎么你一回家就拿平板玩?

爸爸,你昨天还不是在沙发上玩手机。

我打开手机是因为要工作,很多客户的消息要回复,不是在玩。

可你明明在看视频。

我就算看视频那也是完成工作任务之后的放松,你的学习任务都没完成,怎么能玩平板呢?

知道了,我现在去写作业行了吧。

我说的都是事实,为什么爸爸越来越生气?

45

说说心里话

小米没有自制力,一回家就玩游戏,这样怎么能养成好的学习习惯呢?

糟糕,被爸爸抓住了。我也知道不应该这样,可我就是忍不住想先玩一会儿。

小米还顶嘴,我工作那么辛苦,看个视频放松一下怎么了,他倒好,拿这个当借口,气死我了。

爸爸不也在玩手机吗?真不公平,为什么他能放松我就不行。

听听公平话

小米明明知道自己先玩游戏不写作业是错的,却不愿意承认错误,主要是因为他存在一种逃避和逆反的心理。他可能觉得承认错误会让自己没面子,或者害怕面对爸爸的批评和惩罚,所以选择用爸爸也玩手机的事情来为自己辩解,结果让爸爸更生气了。

所以,小朋友在向父母承认错误时,要注意:一、态度要诚恳,不要找借口或者挑对方的错;二、承认错误时,要学会站在父母的角度想问题,弄清楚父母最在乎什么,准确地表达歉意。

到底该怎么说才能真诚地承认错误呢？

这样说才对

小米： 爸爸，我错了，我不应该一回家就先玩平板。我发现自己总是控制不住自己，要不这几天您先帮我保管平板吧。

爸爸，我明白您是希望我养成良好的学习习惯，我知道错了，现在我就开始写作业。

爸爸，请原谅我这一次的错误。作为失信的惩罚，这周我都不玩电子游戏了，好吗？

爸爸： 嗯，知错就改，这才是好孩子。

总结一下吧

以下几种表达，可以帮你学会承认错误：

1. **真诚道歉，积极反思**，比如：对不起，我不应该……

2. **真诚道歉，做出改变**，比如：对不起，我现在就……

3. **真诚道歉，提出弥补方案**，比如：对不起，为了弥补我的过错，我愿意……

跟父母商量一件事

表达直播间

妈妈,我们养一只猫吧,我同学家都有猫,就我没有。

不能看别人有咱们就必须要有。养猫可不是一件简单的事,需要花很多时间、精力和金钱,这些因素你都考虑过吗?

养猫又花不了多少钱,你们就是小气,舍不得给我买!

小米,这不是小气,你想想,猫会掉毛,家里可能到处都是猫毛,打扫起来很麻烦。

猫毛有什么麻烦的,我来清理好了。

小米,就算你能清理猫毛,可你每天还有学习任务,能顾得过来吗?

我真的很想养一只猫,爸爸妈妈怎么就不同意呢?

💡 说说心里话

> 我太想要一只属于自己的猫咪了，爸爸妈妈为什么就不能答应呢？

> 我觉得我能做好照顾猫咪的工作，也不会耽误学习，他们为什么不相信我呢？

> 我能理解小米的心情，但养宠物真不是一件轻松的事。而且他平时学习挺忙的，养只小猫会分散他的精力。

> 养小动物是一种需要责任感的事，小米显然高估了自己的能力，等他的兴奋劲过了，说不定又不想养了，到时候小猫该怎么办呢？

听听公平话

　　小米渴望拥有猫咪；爸爸担心养猫会影响他的学习；妈妈则担心养猫后无法好好照顾小猫。三方的心情都可以理解。这时如果小米只是哭闹着非要养，那么和父母的沟通就会失败，因为哭闹和胡搅蛮缠都不是健康的沟通表达方式。

　　如果换个方式，比如，小米制订出详细的"养猫+学习"时间表，让爸爸看到他的决心和规划；或者，小米列出自己如何照顾猫咪的规划，减轻妈妈的担忧，小米可能才有机会实现养猫的愿望。

要想实现自己养猫的愿望，小米应该怎么说呢？

这样说才对

小米： 爸爸，我很想养一只猫。我知道您担心它会影响我的学习，我可以立下"军令状"，如果期末考试我的成绩退步了，您就给猫找个靠谱的领养人。

爸爸： 看来你的确下定了决心，那我考虑考虑。

小米： 妈妈，我们养一只猫怎么样？我会负责喂猫、打扫猫毛、铲屎、换水这些事情，猫粮就用我的压岁钱买。我真的很喜欢猫，而且大家都说养猫有助于培养责任感呢！

妈妈： 既然你都有了计划，那我们就试一试吧。

总结一下吧

和父母商量一件事的注意事项：

1. 当父母反对时，不要用哭闹和耍赖来解决问题。
2. 好好想想父母的顾虑，努力想办法打消他们的顾虑，让他们放心你的决定。
3. 找出这件事可以给双方带来的好处，以此说服他们。

向父母表达委屈

表达直播间

爸爸： 小米，怎么还跟弟弟抢玩具？弟弟是客人，你就不知道让着点他吗？

小米： 他摔坏了我的积木，凭什么要我让着他，又不是我的错！

妈妈： 小米，怎么能这么说话，你是哥哥又是小主人，应该有小主人的样子！

小米： 我不要当哥哥也不要当主人，反正你们只喜欢别人家的孩子！

妈妈： 小米，你太不懂事了。

小米： 才不是，你们就是偏心，这不公平！

我明明只想表达自己的委屈，为什么就和爸妈吵起来了？

51

说说心里话

- 小米还不懂得如何和年龄小的孩子相处，和客人都这么斤斤计较，真让人头疼。

- 明明是弟弟先弄坏了我最喜欢的玩具，我只不过让他不要动了，爸爸妈妈为什么不批评弟弟，却要批评我呢？我太委屈了。

- 爸爸妈妈当着客人的面批评我，我太没面子了，好伤心啊！

- 小米这孩子怎么这么倔，不明白我们的苦心，我们只是想让他学会谦让，怎么说我们对他偏心呢。

听听公平话

当小朋友们感到委屈的时候，一定要先试着冷静下来，不要像小米那样大声吼叫和顶嘴。再试试走到爸爸妈妈身边，轻轻地说："爸爸妈妈，我现在心里觉得很委屈，想和你们说一说。"然后，慢慢地把自己的想法清楚地告诉他们，比如："是弟弟弄坏了我的玩具，你们不知道真相就开始批评我了，这让我很难过。"

只要我们好好表达出自己的真实感受，他们一定会理解我们的。

假如你受了委屈，应该怎么跟爸妈说呢？

这样说才对

小米：爸爸，如果不分事情的对错，一味要求我让着弟弟，我会觉得委屈和不公平。

虽然应该礼貌地招待客人，但是客人不是也应该到别人家礼貌做客吗？如果只批评我，是不是太娇惯弟弟了，这对他的成长也没有帮助。

刚才是弟弟先弄坏我玩具的，他虽然年龄小，但也需要学着为自己的行为负责，不是吗？

爸爸：小米，你能这么条理清晰地表达你的想法，爸爸很欣慰。

妈妈：刚才确实是我们没有顾及你的感受，妈妈向你道歉。

总结一下吧

表达委屈有这些技巧：
1. 诉说这种行为带给你的感受，坦陈你的想法。
2. 说说你感到委屈的具体原因，并提出建议。
3. 委婉地建议对方换位思考。

劝家人改掉不良习惯

表达直播间

球进啦!

爸,你快把电视关了去睡觉吧,这么晚了还看什么球啊!

我看电视怎么了,你还管我?

你把电视声音开那么大,吵到我和妈妈了,我们明天还要早起呢,又不像你可以睡懒觉。我这也是为你好。

为我好?你这态度叫为我好?

不听算了,以后你熬夜熬出病了,别怪我没提醒你!

我只是想劝爸爸不要熬夜,为什么爸爸这么生气?

说说心里话

我已经尽力在劝爸爸了,可他就是不听,我能怎么办?真怕有一天爸爸因为熬夜而生病,到时候后悔都来不及。

孩子说为我好,可这强硬的语气让我很没面子,让我觉得在这个家里一点自由都没有,心里特别烦躁和生气。

我当然知道不能熬夜,但球赛正精彩呢,他哪知道我等这场球赛等了多久,再说就算关了电视,我球赛没看完也睡不着啊!

听听公平话

尽管小米的出发点是好的,但由于表达方式不当,双方发生了冲突和不愉快。比如小米说"你快把电视关了",这句话语言生硬,命令的意味很强,所以爸爸一听就会生气,开始反击"你还管我?"所以,小朋友们,当我们劝说家人或长辈时,一定要注意语气的平和与友善,不要直接下结论,而是先温和地表达自己对他们的关爱,比如:爸爸,熬夜看球对您的健康影响太大啦,我很担心您的身体。这样的表述能让爸爸感受到你的关爱,也更容易接受你的建议。

面对家人的坏习惯,我们该怎么说他们才会改呢?

这样说才对

小米:爸爸,为了您的身体健康,还是少熬夜吧。

爸爸:好,以后我尽量不熬夜,早点休息。

小米:爸爸,我希望您能多抽点时间陪陪我,您可以先放下手机,陪我玩一会儿吗?

爸爸:好,儿子,你想玩什么?

小米:妈妈,生闷气对身体不好,您以后有令您生气的事就跟我讲,我愿意当您的听众。

妈妈:儿子长大了,我以后就多找你聊天。

总结一下吧

劝说家人改掉不良习惯的表达技巧:

1. 表达出你的关心,以情动人。
2. 用实际案例或科学说法来增强说服力。
3. 注意使用平和的语气,同时给出改变方案,让对方容易接受。

应对父母的再三叮嘱

表达直播间

小米，刚写完作业就看电视，眼睛还要不要了？

哎呀，妈，我只看一会儿动画片，你扫你的地，别啰唆。

这是只看一会儿吗？你都看半天了，真是的，一放松就没完没了，一点都不自觉。

我怎么不自觉了，我作业都写完了。

写完作业就不能看书？或者下楼运动一下？就知道看电视，能有什么出息！再说，我这都是为你好。

为我好，为我好，天天这么说，烦死了！

为什么面对妈妈的叮嘱，我会这么容易和她吵起来？

说说心里话

小米刚写完作业就看电视，我真的很担心他的视力会受影响，而且总是窝在家里看电视不运动，对身体也不好。

我刚写完作业，看一会儿电视放松一下怎么了？妈妈总是唠叨，一点都不理解我。

妈妈眼里只有学习、看书和运动这三件事，不允许我做其他事，这太让人难受了。

我让他别看动画片是为了他好，他一点都不明白我的苦心。我希望他能多利用时间学点有用的东西，养成好的学习习惯，将来才能有出息，可他就是不听。

听听公平话

　　面对妈妈的再三叮嘱，小米用不耐烦的语气去回答是十分不礼貌的。小朋友们，当父母再三叮嘱时，我们可以先放下正在进行的活动，比如小米可以暂停看电视，接着耐心解释自己的想法和计划："妈妈，我作业完成得很认真，想看一小会儿电视放松一下，学习也要劳逸结合嘛。我把这一集看完就会去看书或者运动的。"总之，当父母唠叨时，我们要用尊重、理解和耐心的方式去回应，这样既能避免争吵，又能让父母感受到我们的懂事和成长。

当爸妈再三叮嘱我们时，该怎么回答？

这样说才对

小米：妈妈，您先别生气，我知道您担心我的眼睛，也希望我能多学点知识。我刚写完作业，确实想放松一下，所以看了一会儿电视。

妈妈，您看我今天作业完成得又快又好，所以就奖励自己看半小时电视，之后我就去楼下打羽毛球。

妈妈，如果您不放心，您可以过半个小时来提醒我，我保证说到做到。

妈妈：那好吧，半小时后我再来检查。

总结一下吧

应对父母再三叮嘱时的表达技巧：

1. 回答的语气一定要保持平和，不要顶嘴。
2. 陈述理由，让父母理解我们。
3. 用"保证+行动"让父母停止唠叨。

合理拒绝父母的安排

表达直播间

小米，暑假咱也不能松懈，我都安排好了，上午语文、英语、练字，下午游泳、数学、编程。

我不要你安排，我要自己安排暑假！

我给你安排好了还不领情，别人家的父母哪有我对你这么好。

你这哪里是对我好，我的暑假自己都不能做主。

你会安排暑假吗？我这是为了你好，多学点东西以后才有竞争力。现在不吃苦，以后有你后悔的！

后悔就后悔，反正我不要按照你的安排来，我就是要自己安排暑假。

为什么我和妈妈的沟通，最后会升级成吵嘴呢？

60

说说心里话

- 现在学习竞争很激烈，不趁暑假多学点，下学期怎么办？小米只知道和我顶嘴，真是让我又生气又着急。

- 暑假本来是休息放松的时候，妈妈却给我安排这么多课，一点自由都没有。

- 我能规划好我的学习，妈妈为什么就不相信我能安排好自己的暑假？

- 小米这是任性，我这么辛苦为他规划，还花了不少钱，他却一点都不领情，我真是太伤心了。

听听公平话

为了和父母好好沟通，我们在提出不同意见之前，可以先肯定对方的好意，再表达自己的想法。比如："妈妈，谢谢您为我做这么详细的暑假安排，但我有些不同的意见，想和您商量。"然后在求同存异的基础上，说出自己的方案。比如小米虽然不赞同妈妈安排这么多的课，但在"暑假也要安排学习"的观点上，他和妈妈的看法一样，所以，这时候小米可以提出"减少一些课程安排，他保证认真完成剩下的学习任务"，这样的表达方式妈妈一定更容易接受。

61

拒绝父母的安排，有哪些好的表达方式呢？

这样说才对

小米：妈妈，我知道您希望我能充分利用暑假提升自己，不过您安排的课程好像有点太多啦，我感觉压力有点大。

其实，我已经和小麦约好暑假一起去图书馆学习。每天完成当天的学习内容后，我们就在图书馆看书。

妈妈：那你给妈妈说说，具体你打算怎么安排每天的学习时间？

早上我们一起学习语文和英语，下午我们会参加图书馆的假期活动，等晚上回来，我打算跳绳、游泳轮流安排。

嗯，听起来不错，不过你得说到做到。

总结一下吧

拒绝父母的安排时，合理表达的技巧：

1. 不要哭闹，语气平和，要有礼貌。
2. 不要开口就反驳，先感谢爸妈的安排，再表达自己的想法。
3. 提出具体的建议，或者求同存异的方案。

向父母解释清楚误会

表达直播间

小米,你一回来就开电脑,心思都不在学习上,难怪上周数学考试成绩不好,就是因为经常上网。

不是的,是因为有个学习资料要用电脑查。

书里找不到答案吗?非得用电脑查,我看你就是想玩电脑游戏。

妈,您别冤枉我,是老师让我们在网上查资料的!

查资料要这么久吗?

不查就不查,明天老师让交作业,我就说是您不让我做的。

我明明解释了,妈妈为什么就听不进去呢?

说说心里话

小米一回来就开电脑，上周数学还没考好，肯定是玩电脑影响学习了。

我真的是在查资料，妈妈怎么就不相信我呢，太委屈了，她总是这样误解我，根本不听我解释。

老师让查资料？那也不至于查这么久，这孩子是不是趁机在玩游戏，我得好好管管，不能让他沉迷电脑游戏。

其实我也不想和妈妈吵架，但她不相信我的话，这激怒了我，我想发泄我的情绪。

听听公平话

小朋友们，当我们遭遇爸爸妈妈的误会时，以下的表达方式会更加明智有效：第一，保持平和的心态，即使内心很委屈，也不要急着反驳；第二，耐心且条理清晰地解释原委；第三，给予证据或例子，让父母相信自己没有撒谎；第四，父母的话如果伤害了自己，要及时向父母说出自己的感受和委屈，相信父母也会思考自己的言行是否得当，这有助于你们建立更良好的沟通。

已经被父母误会了，该怎样解释最有效？

这样说才对

小米：妈妈，老师今天布置了一个很重要的作业，必须在网上查阅一些资料才能完成，书本里完全没有相关的内容。

妈妈：老师让你们上网查资料？你不会是撒谎找借口吧？

小米：妈妈您看，这是老师发在群里的作业要求，我给您念念。

妈妈：那查资料为什么要查这么久？

小米：我查完资料就会认真复习数学，我上周没考好自己也很着急，所以我想努力把成绩提上去。

妈妈：好，那你查完赶紧写作业。

总结一下吧

向父母解释误会时的表达技巧：

1. 不要着急，冷静下来，完整清晰地讲清楚事件的原委。

2. 事件的细节可以增加可信度。

3. 实际行动是解开误会最好的方式，可靠的"提议"也很加分。

向父母表达自己的压力

💬 表达直播间

小米，家长会老师表扬小武了，说他进步很大，你怎么一直原地踏步呢？

那是他运气好，上次考试的题目太简单了，他才能考得好。

什么运气好？那是人家努力的结果，你就知道找借口。

我怎么没努力？每天做那么多作业，周末还有额外的学习任务，我已经很努力了。

努力了还没进步？你看看你这学习态度，能学好才怪。

你们就知道逼我，我压力已经够大了！

我想说自己学习压力很大，为什么爸爸不明白呢？

说说心里话

看看这成绩单,我真着急。别人家的孩子都在进步,小米却原地踏步。问题是他还总觉得是别人运气好,就不能在自己身上找找原因。

我真的努力了,可成绩就是上不去,爸爸一点都不理解我,只知道批评我。

我让他多做练习,都是为了他能有个好成绩,怎么他就不明白我的苦心呢?

每天那么多作业,我都快累垮了,压力这么大,我也很难受啊。

听听公平话

当父母给的学习压力太大时,不妨先肯定父母的初衷是关心自己,再坦陈压力带给自己的困扰,这样友好又理性的表达,能引起父母的重视。其次,可以讲讲自己在面对压力时做了哪些努力,具体遇到了哪些困难,让父母知道是什么引起了自己的压力。最后,可以给父母提出建议,表明自己需要父母哪些方面的帮助来缓解压力。这样积极沟通,能一起解决问题,让家庭关系更好,也能得到更好的反馈和支持。

想和爸妈坦陈自己的学习压力，怎么说最好？

👍 这样说才对

小米：爸爸，您一直以来很关心我的学习，谢谢您。但您的期待也让我感觉有点压力。

我很想达到爸妈对我的期待，可用尽了全力，却发现自己的进步始终有限。我感到很沮丧，不知道怎么办才好。

最近晚上我都学习到很晚，结果白天总是犯困，精神跟不上，也降低了我的学习效率，不知道爸爸有没有什么好办法能帮我的？

爸爸：看来你最近压力是挺大的，你做得已经很棒了，如果能够改变学习方法、提高效率，相信你的成绩一定能更上一层楼！

总结一下吧

向父母表达自己的压力时，需要注意以下几点：

1. 肯定父母的关爱和付出，表达感谢。
2. 客观、详细地描述自己遇到的压力和真实感受。
3. 和父母协商，优化和改变方案。

请父母尊重我们的隐私

表达直播间

妈妈,你怎么不经过我的允许就收拾我的房间呢?一点也不尊重我的隐私。

你看看你房间都乱成什么样了,你自己不收拾还不让我收拾?

我房间里的东西我自己会收拾的,你以后别多管闲事。

我多管闲事?我辛辛苦苦照顾你,收拾个房间还被你这么说!

我不需要你帮我收拾,房间再怎么乱也是我的事,不用你操心!

好,我不管你,看你的房间能乱成什么样!

我只是想要妈妈尊重我的隐私,可为什么妈妈既生气又伤心呢?

说说心里话

- 我已经长大了，有自己的隐私和空间，妈妈不经过我同意就收拾我的房间，我觉得很不舒服。

- 小米房间那么乱，我帮他收拾收拾，让他有个整洁的学习环境。我的辛苦他一点都不理解。

- 我知道妈妈收拾房间很辛苦，可我想要自己的空间自己做主，妈妈喜欢按照她的想法来，根本不考虑我的感受。

- 小米嘴上说自己收拾，其实没有动，最后还是得靠我帮他整理，我要真的不管了，他的房间不知道会乱成什么样。

听听公平话

", 小米在意的是隐私不被尊重，而妈妈在意的是房间的卫生整洁影响健康和舒适度。站在各自的角度，谁都没有错，但小米的指责和反驳，不仅不会解决问题，还会让亲子关系更加紧张。假如他温和且坚定地说出自己的感受和想法，并站在妈妈的角度理解妈妈的行为，那么双方的沟通也许会更顺畅。或者小米和妈妈一起商量，做个约定并严格执行，打消妈妈的顾虑，这样的表达才更容易让人接受。 "

想让爸妈尊重自己的隐私，该怎么说？

这样说才对

小米：妈妈，我知道您是关心我，想让我的房间整洁一些。但是我已经长大了，我希望能有自己的私人空间，房间里的东西该怎么摆放、怎么收拾，我有自己的想法。

妈妈，以后能不能让我自己来收拾房间呀？我向您保证，我会把房间整理好的。

如果您什么都帮我收拾的话，怎么锻炼我的自理能力呢？虽然我现在收拾得还没那么好，但熟能生巧，慢慢就会好起来的。

妈妈：好呀，你要是能学会自己收拾房间，我肯定很开心。

总结一下吧

希望父母尊重自己的隐私时，需要注意以下几点：

1. 不把心事藏在心里，主动和父母沟通。
2. 表达自己的感受时，注意情绪不要暴躁，平心静气才是沟通的开始。
3. 在不断的沟通中表达自己的"边界意识"，相信父母最终会理解的。

婉拒长辈的过分要求

表达直播间

小米,听说你在学街舞,来给我们表演一个吧。

我学得不好,没什么好跳的。

你小时候唱歌跳舞样样都行,怎么越长大越不中用了。

小时候是小时候,现在是现在,现在我不想跳。

难得这么多人聚在一起,都是亲戚,你害什么羞,多好的机会展示一下啊。

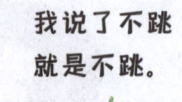

我说了不跳就是不跳。

我都说了不想表演节目,姑妈怎么能强人所难呢?

说说心里话

这孩子，小时候那么活泼大方，现在让表演一下都不愿意，在亲戚面前表演，还害什么羞啊。

姑妈根本不考虑我的感受，我不想表演还一直强迫我。而且我今天也没心情，就不能尊重一下我吗。

让他表演也是为他好，锻炼锻炼他在众人面前表演的心理素质，真不懂事。

想不想表演应该由我自己说了算。

听听公平话

姑妈提出让小米表演街舞时，小米可以说："姑妈，我虽然在学街舞，但还不够自信展示在大家面前，以后学好了再表演好吗？"这种回应不仅表达了小米的拒绝，还显示了他对姑妈的尊重。另外，对于姑妈的期待，小米也可以表达感激之情，再找个合适的理由婉拒，如："谢谢姑妈的邀请，不过我现在吃得太饱了，实在跳不动。"这种方式能让小米在不失礼貌的情况下保护自己的自由。

73

拒绝长辈的要求，该怎么说？

这样说才对

小米： 姑妈，您这么看重我，我特别开心。但现在我没办法表演，因为期末忙于考试，最近练习得少，很多动作都忘了，希望您理解。

姑妈： 对，你们学生还是要以学业为重。

小米： 姑妈，这次坐车回来好几个小时，特别累，所以我状态不太好。等我准备充分了，下次聚会一定给您和大家好好表演，您看行吗？

姑妈： 当然没问题，你今天好好休息。

总结一下吧

婉拒亲戚的要求时，需要注意以下几点：

1. 拒绝不要太生硬，让对方下不来台，以致双方都尴尬。
2. 可以先谢谢长辈的邀请，再用"缓兵之计"应对。
3. 诚恳说明自己不想表演的理由，并提出建议（如下次再表演或邀请其他想表演的人上台表演）。

向亲人表达自己的关心

表达直播间

小米,姥爷最近生病了,你一会儿视频时,记得关心一下姥爷。

我不知道要说什么。

姥爷,您都这么大年纪了,怎么还会生病啊?

傻孩子,人人都会生病,这跟年纪无关。

姥爷,妈妈说您身体不好,您可不要死啊。

这孩子怎么说话的。

我明明想表达对姥爷的关心,为什么姥爷不太开心呢?

75

💡 说说心里话

> 这孩子，说话直愣愣的，我哪有很大年纪，我才刚退休啊。

> 姥爷年纪都这么大了，还像我们小孩子一样照顾不好自己，真让人着急。

> 什么死不死的，这话听着真不吉利。

> 我很爱姥爷，要是姥爷一病不起，我就太伤心了。我真希望姥爷能一直陪着我长大。

🔊 听听公平话

小米在表达对姥爷的关心时，不能直接批评指责，而是要选择礼貌、合适的语言来嘱咐姥爷，这样长辈才能感受到晚辈的关心和尊敬。同时，小朋友要注意语言表达上的一些忌讳，比如，在我们的文化里"死"是不吉利的字眼，在老人面前提到"死"是非常不礼貌的。我们可以适当地说一些具体内容，比如"记得按时吃药""天气变化大，您多穿衣服"等，这些细致体贴的嘱咐能让长辈感受到你的用心。

关心长辈的话，怎么说才合适？

这样说才对

小米：姥爷，您记得按时吃药，多注意休息，别太累着自己，这样身体才能棒棒的!

最近天气变化大，您要记得及时增减衣服，别着凉了哟。

还有，您每天出去散步时要小心，别走太快，注意安全。

您要是不舒服了一定要尽早去看医生，不然我和妈妈都会担心的。

姥爷：小米，你对姥爷的关心，姥爷太感动了。

总结一下吧

表达对长辈的关心，需要注意几点：

1. 态度要诚恳有礼貌，表达出对长辈的尊敬和关心。

2. 可以说一些表达关心的具体内容，如"按时吃药""增减衣服"等。

3. 表达自己的担心，引起长辈的重视，如"姥爷生病了不去看医生，我会很担心"。

和不熟的客人聊天

表达直播间

小米，这是娜娜表妹，今晚她在我们家玩，你好好招待哟。

啊？我跟她不熟，都不知道该跟她聊什么。

唉，这本书……

别动，那是我刚买的，我还没看呢。

这是你拼的吗？

别碰，这个倒了就散架了，那我就白拼了。

我真的不知道该和表妹聊什么，气氛好尴尬呀。

说说心里话

- 妈妈突然让我招待表妹，我都不知道聊什么，真尴尬呀。

- 我是客人，这个表哥也太冷漠了吧，他是不是不欢迎我？

- 表妹怎么一直在我房间里捣乱？她怎么不去客厅自己看电视呢？

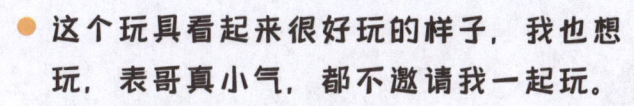

- 这个玩具看起来很好玩的样子，我也想玩，表哥真小气，都不邀请我一起玩。

听听公平话

当不熟悉的客人来家里做客时，首先要展现出欢迎的态度，一开始，小米可以用"带你参观下我的玩具收纳柜""你平常喜欢玩什么""这个零食很好吃，你要试试吗？"等小朋友都喜欢的话题拉近彼此的距离感，避免冷场。当客人表现出对某个话题或者玩具的好奇时，小米可以再继续深入聊下去。通过热情的态度和友善的语言表达，小米不仅能够和亲戚尽快熟悉起来，也能锻炼自己和陌生亲友交往的能力。

和不熟悉的亲戚相处，该怎么样聊天？

这样说才对

小米：我妈说你画画很棒，你是怎么做到的？能分享你画画的技巧吗？

你喜欢打羽毛球吗？我们一会儿可以去小区广场打羽毛球。或者你喜欢拼积木的话，也可以跟我一起拼积木。

这是我新买的漫画书，借给你看，不过看的时候要小心，不要撕坏了。

你喜欢看动画片吗？我知道一部非常好看的动画片，要不我们一起去看吧？

很开心你能来我家做客。

总结一下吧

和不熟的亲戚聊天，可以注意以下几点：

1. 称赞对方的长处，建立好感，顺势虚心请教对方，打开话题。
2. 主动找聊天话题，如"爱好""食物""玩具""书籍""动画片"等。
3. 语气不要太严肃死板，好像完成招待的任务一样，可以适当幽默一点。

第三章
社交场合篇

向他人介绍自己

表达直播间

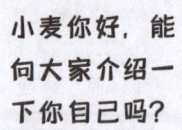

小麦你好,能向大家介绍一下你自己吗?

我叫小麦。

小麦你几岁了呀?以前学过跳舞吗?

我8岁了,以前没有学过跳舞。

好的,大家欢迎小麦同学。

糟糕,我有点紧张,不知道怎么向别人介绍自己。

我明明想妈妈介绍自己,一上台却不知道说什么好,怎么办?

说说心里话

小麦看起来有点紧张,可能是第一次来上课,她还需要一点时间适应。

我刚才的表现真糟糕,大家一定觉得我怪怪的。

我很想在新环境认识一些新朋友,但我真的不知道该怎么介绍自己。

我很想认识新同学,但只知道她叫小麦,不知道她的兴趣爱好,下课了该怎么找她聊天呢?她看起来不太爱表达,会不会不想跟陌生人聊天啊?

听听公平话

当我们要向陌生人介绍自己时,紧张是很正常的情绪,没关系,先做几次深呼吸,让自己冷静下来,回忆"1招呼、2信息、3爱好、4收尾"这个口诀,就能简单地做个自我介绍了。需要注意的是:打招呼时要面带微笑,大声清晰地对众人先说一句"大家好";然后介绍自己的姓名和年龄;随后介绍自己的3个主要爱好,比如我喜欢唱歌、跳舞和弹钢琴;最后收尾可以简单说一句"很高兴认识大家"。记住这个口诀,可以帮助你清晰地向别人介绍自己,增强你的表达能力哟。

83

如果发现自我介绍没说好,该怎么修补呢?

这样说才对

小麦: 第一次来上舞蹈课,我有点紧张。虽然以前没有学过,但我真的很喜欢跳舞。

我平时还喜欢画画,如果有和我一样喜欢画画的小朋友,我们周末可以约着一起画画。我也很喜欢听故事,我会讲各种各样有趣的故事。

我希望在这里能和大家成为好朋友,一起快乐地学习舞蹈,一起进步,一起享受舞蹈带来的乐趣。我会努力克服紧张,让大家看到一个更加自信的我。

老师: 小麦说得真好,大家为她鼓掌。

总结一下吧

向他人介绍自己时,需要注意以下几点:

1. 大声清晰地打招呼。
2. 介绍自己的重要信息,如姓名、年龄等。
3. 说明自己来这里的原因和目标,也可以简单介绍自己的爱好等。
4. 最后加一句简单的结束语。

如何得体地打招呼

表达直播间

刚才在路口遇到周老师,你怎么不说话?

你不是说了"周老师好"嘛,我就不用说啦。

而且,为什么你还把头低着,假装没看到周老师?

上次在奶茶店前面,我跟周老师打招呼,她都没理我。

上次也许是老师没注意到,你不能因为这样就不礼貌呀。

知道啦,别啰唆。

在生活中,学会适度、得体地打招呼非常重要。

说说心里话

小米不打招呼是害怕老师注意到他，但这样很不礼貌。

在外面遇到老师总有点不好意思，还不如假装没看见呢。

而且上次我主动跟老师打招呼了，她都不理我，肯定是不喜欢我，那我也不想对她热情了。

熟人见面打声招呼是基本的礼貌，更何况是自己的老师呢。

听听公平话

小米因为一次打招呼没有得到老师回应的经历，而在之后遇到老师时假装没看见，这是不可取的。因为打招呼是我们表达友好和尊重的方式之一，当我们主动跟别人打招呼时，是在向对方传递友好和尊重的信号。在生活中，我们要学会得体地打招呼。得体，意味着不过分热情也不过于冷淡，根据不同的场合，选择合适的方式和程度来表达自己的友好。比如在校外见到老师，面带微笑、声音洪亮地说一声"老师好"，就是一种得体的表现。

总觉得不好意思，怎样才能鼓起勇气打招呼呢？

这样说才对

小米：周老师好。

周老师：你好。

小米：周老师，我和小麦先去书店了，我们周一学校见。

周老师：好的，学校见。

总结一下吧

打招呼时注意这几点，交流会更加顺畅：

1. 调整心理认知，打招呼是一种友好的社交行为，对方不会反感或批评你。
2. 提前准备，打招呼之前，先在心里想好要说的问候语。
3. 打招呼时注视对方的眼睛。
4. 音量适中、吐字清晰，让对方听清楚。
5. 注意保持微笑，配合适当的手势。

准确转述重要的事情

表达直播间

小米，让你妈妈明天下午6点到社区医院做免费体检，记得带好身份证。

好，带身份证去做体检，我记住了。

妈妈，王阿姨让你明天下午去做免费的体检。

噢，需要带什么？

要带身份证，下午4点。

好，我明天下午就过去看看。

等等，我是不是遗漏了重要的信息，忘记和妈妈说了？

说说心里话

- 妈妈应该能提前在手机上问问王阿姨吧？

- 哎呀，手机上没有王阿姨的电话，小米应该没记错吧，我明天去看看。

- 这孩子怎么把时间记错了呀，害得我在这里白等了这么久，浪费了时间和精力。

- 都怪我，没有好好记住王阿姨说的时间，让妈妈白跑一趟。

听听公平话

生活中，我们一定会遇到需要转述事情的时刻，对方说的内容听上去复杂烦琐，但只要我们整理好要点，就能准确传达。一般来说，事情的要点主要有以下几个方面。1 时间：确保告诉别人事件发生的具体时间，这样别人才能提前做好规划。2 地点：描述事件发生的地点，以便其他人能够知道具体发生在哪里。3 要求：表达事件发生的原因和相关的具体要求，确保交流更加清晰和有效。只要记住这些要点，我们就可以顺利准确地转述信息。

担心记不住要转述的事项，该怎么办呢？

这样说才对

阿姨：小米，让你妈妈明天下午6点到社区医院做免费体检，记得带好身份证。

小米：您稍等，我和您确认下。

小米：时间是明天下午6点，地点是社区医院，事情是免费体检，要求带身份证。

阿姨：对对对，小米真聪明。

总结一下吧

转述事情时，需要注意以下几项重要信息：

1. **时间**：事情发生的具体日期与时间。
2. **地点**：事情发生的具体场所和位置。
3. **要求**：对人数、所需资料等方面的规定。

表达时学会归纳重点

表 达 直 播 间

小米，周末晚上的露营，你带了哪些东西？

我想想，有水壶、巧克力、睡袋、饼干、纸巾，还有电话手表。

怎么这么多呀，我都记不住。

这有什么记不住的。

你带的东西太多太凌乱了，说了跟没说一样。

明明是你自己记性不好。

我把每一项都说得很清楚了，为什么小麦还会迷糊呢？

说说心里话

> 小米一口气说了好多东西啊,听得我头都晕了,可一个都没记住。

> 我带的都是露营需要的东西,小麦怎么连这都记不住,还怪我带的东西多。

> 小米真是一点头绪都没有,想到什么说什么。

> 小麦自己记不住还怪别人说得不好,真过分。

听听公平话

在我们要表述很多内容时,想起一个说一个,只可能让对方越听越乱。但如果我们事先把同类整理归纳在一起,再做说明,对方就会比较容易接收到你说的信息。比如小米其实可以把食物类的巧克力、饼干归为一类;把生活用品类的水壶、纸巾归为一类;把个人物品类的睡袋、电话手表归为一类。这样分类之后再表述,就会更加清晰明了,也更容易让别人记住和理解。合并同类后再做说明,这就是让繁杂的说明变得简单易懂的表达技巧。

当你发现自己说的事情杂乱无章时，该怎么办呢？

这样说才对

小麦：我还准备参考你带的东西，怎么这么多呀，我都记不住。

小米：可能我说得太快太乱了，我先想想，整理一下怎么说。

小米：我带的生活用品有水壶、纸巾和睡袋；零食准备了巧克力和饼干，此外还有电子手表。

小麦：噢，你这么一说我就清楚了，我也要带电子手表，零食我带一些其他的。

总结一下吧

当我们要说的事项很多时，记住"合并同类项"，其原则是：

1. **分类整理**，将具有相同性质或功能的事物分组。
2. 注意**逻辑顺序**，尽量按照出现频率或者重要性来排序列举的内容。
3. **强调重点**，在列举时，可以突出或重复关键的信息。

准确表达自己的需求

表达直播间

图书馆的书好乱啊,我要找一本书,怎么也找不到。

有的书被借走后,还没来得及消毒、上架,还有的书已经被借回家了。

我想借小麦的那本成语故事书,你知道在哪吗?

成语故事书有很多种,你知道具体的书名或者作者吗?

就是最近很火的成语故事,我们同学说图书馆有,你怎么会不知道呢?

你在右边书架上找找看吧。

我明明说清楚了自己想借的书,为什么工作人员就是不知道呢?

说说心里话

> 这孩子就说个最近很火的成语故事，这让我怎么找呀。

> 我也不知道具体书名和作者，只知道是本成语故事，怎么找起来这么麻烦呀。

> 工作人员也不直接帮我找到，还让我自己去右边书架找，真是一点也不热情。

> 没有基本信息，我也只能告诉他大概的位置，剩下的只能他自己碰运气了。

听听公平话

　　小米在表达自己的需求时，他认为工作人员应该知道"小麦的那本成语故事书"是什么样的，但对工作人员来说，他既不认识小麦，也没亲眼见过那本成语故事书，自然没法帮助小米。所以，当我们表达自己的需求时，要用清晰、准确的语言将自己的想法和需求传达出来。比如，不能仅仅说"我想要那个"，而应该具体指出"我想要蓝色封面、画着小鸟的那本书"或者"我想要那个带有小熊图案的文具盒"，这样才能让对方明确知道我们真正想要的是什么。

想清晰表达自己的需求，应该怎么办？

这样说才对

工作人员：成语故事书有很多种，你知道具体的书名或者作者吗？

小米：具体书名我不太清楚，但它是最近比较火的一本，封面是浅色的，画着农夫和蛇的漫画。

我打电话问问同学那本书的书名和作者，然后再找您帮忙可以吗？

您能告诉我成语故事书一般放在哪里吗？我先自己找找看。

总结一下吧

向他人表达自己的需求时，注意以下几点：

1. 先礼貌地询问他人是否愿意帮助你。
2. 精准描述自己的问题和需求。
3. 不管对方有没有帮到你，别忘了感谢对方。

正确表达着急情绪

表达直播间

活动就要开始了，小吃店老板怎么还没做我们的？快来不及了。

我来催催老板。

老板，你怎么这么慢啊，我们都等半天了，还没好。

今天订单比较多，请耐心等一等。

老板，你有没有搞错，明明是我们先来的，为什么先给他们做？

小朋友，他们是先在手机上下单的，我们要按订单顺序来。

为什么我不停地催，好像老板还是不能快一点呢？

97

说说心里话

- 小吃还没好，真是急死人了。等会儿要是因为这个耽误了活动那多扫兴。

- 这老板速度也太慢了，我们不催他一下，他是不是以为我们小朋友就好欺负啊？

- 每个顾客都很着急，但我也没办法，谁下单早就先给谁做。

- 越催越容易出错，做得也越慢，真希望大家互相理解一下。

听听公平话

生活中，我们会遇到类似于快要迟到、活动即将开场等比较着急的时刻，这时我们内心很焦急，但如果在表达时，只顾着宣泄情绪是无法得到有效帮助的，甚至可能引发不必要的矛盾。这时候，我们要尽可能让自己冷静下来，用平和的语气告诉对方自己为什么很着急，让对方了解事情的紧迫性和重要性。这样的表达方式，才容易得到他人的理解和帮助。

假如自己非常着急，应该怎么表达？

这样说才对

小米： 老板，您好，我们的活动马上就要开始了，您看能不能加快一点速度或者帮我们想想办法呢？

老板： 原来你们赶活动啊，我问问上一位顾客，看能不能给你们先做。

顾客： 您先给小朋友做，我们不着急。

老板： 好嘞，小朋友，我现在就给你们做。

小米： 这下我们能赶上活动开场了，太感谢您了。

总结一下吧

想表达自己的焦急，需要注意以下几点：

1. 再急也要先稳定自己的情绪，有话好好说。
2. 清晰地说明情况和原因。
3. 可以提出合理的解决方案。

99

向他人描述身体的不适

表达直播间

小朋友，你哪里不舒服？

我有好几天都咳嗽，肚子也痛，喉咙也痛，我没吃冰激凌，也没吃糖，为什么还会生病？

咳嗽时胸口疼吗？

有时候疼，有时候不疼。

这样按下去，这里疼吗？

好疼，我不要打针，我不要打针。

我这样说，能向医生表达出我很难受吗？

说说心里话

我真的好难受,一直咳嗽,希望医生能快点帮我治好,但是又有点害怕检查。

医生按得有点疼,打针会更疼,一想到打针那么疼我就害怕。

小朋友年龄小,不能描述清楚自己的症状,我得慢慢检查、慢慢问才行。

这个小朋友到底是肚子疼还是害怕打针啊?

听听公平话

小朋友看病常常不知道如何向医生清楚地描述自己的症状,比如说有好几天在咳嗽,肚子有时候痛有时候不痛,这种回答就没有太多有效的信息。我们在描述自己的不舒服时,语言要简洁,更不要说太多与病情无关的话,也不要因为害怕检查或者打针就哭闹,这样不仅不能减轻恐惧,反而会加重咳嗽、喉咙痛等症状,甚至有可能耽误病情。

该怎么表达清楚自己不舒服的感受呢？

这样说才对

医生： 哪里不舒服呀？

小米： 我咳嗽三天了，没有鼻涕，但嗓子很难受，而且晚上咳得特别严重。

医生： 咳嗽的时候胸口疼吗？

小米： 胸口疼，像被针扎一样。我最近吃什么都没胃口，只想睡觉。

总结一下吧

当我们表达自己的不舒服时，要注意以下几点：

1. 语言简洁，不要讲一些无关的话。
2. 给医生的回答要尽量准确。
3. 要将自己的感受准确地描述给医生听，不要夸大甚至虚构症状。

怎么表达自己的不满

表达直播间

你的座位怎么被别人坐了?

我去跟他理论理论。

喂,这是我的位置,快让开。

我不叫"喂",再说,我为什么要让开?

坐错位置还不承认,真耍赖!

就冲你这么没礼貌,我偏不让给你。

我提醒他坐错了位置,为什么他不认错,还故意为难我?

说说心里话

明明是我们的座位，现在却被别人坐着，好生气啊！

别人也许不是故意的，我们该怎么提醒他呢？

这些人怎么这么没素质，占了我的座位还理直气壮。

我也不是故意坐错位置的，他态度这么差，我好生气啊。

听听公平话

通常情况下，不小心坐错座位的人会感觉到不好意思，但如果我们像小米一样用激烈的语气提醒他，或者认为他是有意为之的，那么双方很容易吵起来。我们不如先友好提醒一下对方，比如：你好，这个座位是我们的，不信你看看票根。看票根是最有力的证据，提出看票根也可以检验他们是不是故意占座，心虚的人一般会主动离开的。生活中，表达自己的不满时，既不要放弃自己的权益，一味妥协，也不要气势凌人，而是要有理有据，和平协商。

想对他人表达自己的不满，应该怎么说呢？

这样说才对

小麦：你的座位怎么被别人坐了？

小米：同学你好，我们买的票对应的是这个座位，你是不是坐错位置了？

陌生人：我记得我的票根上也显示是这里啊。

小米：要不我们都把票根拿出来再对一下吧，如果你还是觉得是你的，那我们一起找工作人员来看一下吧。

自总结一下吧

对陌生人表达自己的不满时，需要注意以下几点：

1. 不要一开口就指责对方。
2. 提出自己的疑问，委婉提醒。
3. 不要进行人身攻击，以理服人。

向他人表达自己的歉意

表达直播间

好疼啊，呜呜呜。

是你自己撞上来的，不关我的事。

你撞到人了，怎么不道歉？

是他自己跑出来撞到我的，他也没有摔坏哪里，应该没事。

摔的不是你，你当然觉得没事了，把你爸妈叫过来。

我也太倒霉了吧，这可怎么办？

我知道自己有错，但他也有不对的地方，这种情况，该怎么道歉呢？

106

说说心里话

- 这个小孩把我儿子撞倒了还这么不负责任，得让他的家长来给个说法。

- 明明是他自己冲出来的，这不能全怪我啊。

- 这只是一个意外，她怎么不分青红皂白就怪我，不会想讹我吧？

- 这个阿姨要叫我爸妈过来，免不了要被爸爸妈妈教育一番，真麻烦。

听听公平话

> 小米将责任全部归咎于他人的做法是不正确的，这种方式不仅无法有效解决问题，反而会加重对方的不满情绪，致使矛盾进一步激化。在日常生活中，倘若不小心对他人造成了伤害，首先应当诚恳地道歉。即便小朋友受伤程度较轻，也不能对其置之不理，而要仔细查看伤情并妥善处理；倘若情况较为严重，必须主动联系双方家长，共同协商解决。

假如不小心伤害了别人，该怎么表达歉意？

这样说才对

小米：对不起，小弟弟，撞到你真是不好意思。

你没事吧？我刚才没有注意到你过来了，我去叫我爸爸妈妈过来一起解决问题，可以吗？

小弟弟，别哭了，让我看看你哪里受伤了好吗？我带你到旁边坐着一起等妈妈吧。

总结一下吧

用以下几招，诚恳表达歉意并处理问题：

1. 先**承认自己的过错**：对不起，这件事是我做得不对。

2. 再**安抚对方情绪**：我知道你很着急／难受，我会想办法解决问题的。

3. **让父母参与协商**：我爸爸妈妈马上过来了，你家人在附近吗？我们一起来想办法。

不小心冒犯了他人怎么办

表达直播间

你们一直讲话,我还怎么看电影呢?

我们声音已经很小了。

你们太吵了,这里是电影院,不是聊天的地方。

别人也在说话,你怎么不说,只找我们。

你们要聊天就出去聊完了再进来。

哼,我偏不!

虽然我知道电影院聊天不好,可对方气势汹汹,我就不知道怎么办了。

说说心里话

这些人一点公德心都没有，在电影院一直讲话，影响别人看电影。

我知道看电影讲话不对，但凭什么只说我们啊，明明别人也在讲话，为什么只针对我们？

这小孩还狡辩，明明就是他们很吵，还怪别人，真想把他们请出去。

再说了，我花了钱来看电影的，凭什么要出去。

听听公平话

不小心冒犯别人后，我们往往不知道怎么正确地道歉并取得对方的原谅，有时候甚至会因为对方态度不好而针锋相对，引发更大的矛盾。正确的做法是诚恳地向被冒犯的人道歉。比如小米应该向小姐姐表达歉意："不好意思，打扰到您了，我们后面会注意的。"有时仅仅道歉还不够，可能还需要表达自己并非故意，可以用"我不是故意的，只是……"的句式解释原因，让对方相信我们是无心冒犯。

到底该怎么说才能真诚地承认错误呢？

这样说才对

小姐姐：你们一直讲话，我还怎么看电影呢？

小米：对不起，小姐姐，是我们不好，影响到您了，我们马上安静。

小姐姐：知错就改的态度很好，快安静看电影吧。

小米：嗯，我们保证不会再说话了，一定安安静静地看电影。

总结一下吧

不小心冒犯别人后的沟通要点：

1. 为冒犯别人的行为道歉。
2. 表达自己并非故意。
3. 主动提出解决方法。

怎么把复杂的事情简单化

💬 **表达直播间**

您好，请问会展中心在哪儿？

这里就是会展中心。

我参加了会展中心的活动，是27号座位，我要怎么去呢？

会展中心有很多活动，你先告诉我是什么活动？

活动是我们学校组织的，我的很多同学都参加了，您看到我的同学了吗？我只要找到他们，就可以跟他们一起进去了。

我不认识你的同学呀！

我都说了这么多，怎么他还不明白呢？

说说心里话

会展中心很多活动,她不说清楚具体是什么活动,我怎么给她指路呢?

我都说了我的学校、座位,还有我的很多同学都参加了,他怎么还不明白呢?

我不知道她的学校是参加什么活动,我也不认识她的同学,她得讲清楚活动的详细信息才行。

听听公平话

　　小麦说的信息有很多:"会展中心""学校的活动""很多同学参加""27号座位",但这些信息过于复杂,且没有说清楚关键问题,所以对方始终很迷惑。正确的做法是,小麦一开始就应向工作人员询问该活动的名称、举办的位置,这样才能删繁就简,抓住问题的关键。在生活中,我们常常会遇到类似的复杂问题,抓住问题重点进行提问,不仅可以节省双方的时间和精力,提高沟通效率,还能更快速、准确地得到我们需要的答案和帮助。

想抓住问题的关键，应该怎么提问？

这样说才对

小麦： 您好，我参加了我们学校组织的"童心伴我行"活动，您知道这个活动在哪儿举行吗？

工作人员： 你从这边的 A 入口进去，上二楼，按照指示牌就能找到相应区域了。

小麦： 我们很多同学都来参加了，他们穿着蓝白条纹的校服，书包上写着"友好小学"，您见到过我的同学吗？我想和他们一起进去。

工作人员： 我想想，穿蓝白校服的同学，确实有几个，他们刚拐过那栋楼，你快跑几步，就能追上他们。

小麦： 好的，麻烦您了，谢谢！

总结一下吧

把复杂的事情简单化的要点：

1. 抓住重点，问关键问题。
2. 厘清问题之间的关系。
3. 不遗漏要点。

话术参考表

◆ 高情商表达之介绍自己

　　大家好，我出生在劳动节这一天，因为这个节日是为了纪念勤劳的劳动人民，所以我的名字叫刘勤，爸爸妈妈希望我做一个勤劳踏实的人。我很喜欢交朋友，希望大家多来找我玩呀！

◆ 高情商表达之传递爱意

　　亲爱的弟弟，平常我总说你是一个小"跟屁虫"，我去哪你也要去哪，但正是因为有你的陪伴，我才不那么孤单。

◆ 高情商表达之倾诉委屈

　　爸爸，刚才听到您对邻居说我平常贪玩，学习不用心，我有点伤心。我知道您是希望我在学习上更认真更刻苦一点，我会努力的，但我也希望您多维护我在别人面前的形象。

◆ 高情商表达之诚恳道歉

　　小麦，对不起！因为我睡过头，害你白白等了我那么久，下次我一定调好闹钟，绝不迟到，你能原谅我吗？为了表达我的歉意，我请你吃冰激凌吧！

◆ 高情商表达之委婉拒绝

　　你邀请我周末去公园玩，我好开心，谢谢你呀！但周末我要回老家看望爷爷奶奶，没法参加。如果你下次还去公园的话，一定喊我，好吗？

◆ 高情商表达之真诚夸奖

　　班长，昨天放学后，同学们都走了，我看到你一个人在仔细检查门窗的锁扣，还把黑板擦得干干净净的。你真的很认真负责，我要向你学习。

图书在版编目（CIP）数据

赢在表达 / 孙静主编. -- 武汉：长江出版社，2024.11.
（孩子要学的第一课）. -- ISBN 978-7-5492-9885-3

Ⅰ．H019-49

中国国家版本馆 CIP 数据核字第 20246MP632 号

赢在表达
YINGZAIBIAODA
孙静 主编

责任编辑：	梁琰 王重阳
出版发行：	长江出版社
地 址：	武汉市江岸区解放大道1863号
邮 编：	430010
网 址：	https://www.cjpress.cn
电 话：	027-82926557（总编室）
	027-82926806（市场营销部）
经 销：	各地新华书店
印 刷：	湖北嘉仑文化发展有限公司
规 格：	710mm×1000mm
开 本：	16
印 张：	7.5
字 数：	113千字
版 次：	2024年11月第1版
印 次：	2024年11月第1次
书 号：	ISBN 978-7-5492-9885-3
定 价：	68.80元

（版权所有 翻版必究 印装有误 负责调换）